WMM-00020T

Solo Tenor Saxophone and Piano

MECHA MOTE SERIES

サックスプレイヤーのための新しいソロ楽譜
めちゃモテ・サックス～テナーサックス～

アメイジング・グレイス
Amazing Grace

作曲：JAMES P.CARRELL、DAVID S.CLAYTON
編曲：萩原 隆、田中和音

9784815244453

JN239163

演奏時間：2分20秒

■この楽譜は、旧商品『アメイジング・グレイス』（品番：WMT-13-016）とアレンジ内容に変更はありません。

参考音源について

この楽譜の参考音源は、以下の方法で入手いただけます。

アプリ〈 無料 〉

1. 下記QRコード、もしくは「ウィンズスタジオ」で検索しアプリの特設サイトにアクセス
2. アプリを起動し、検索窓から商品番号を検索

https://lp.winds-score.com/windsstudio/brass_chorus/

ダウンロードにて購入〈220円税込〉

1. 下記QRコード、もしくは「ウィンズスコア」で検索しオンラインショップにアクセス
2. 検索窓から商品番号を検索し、「ダウンロード版」の「音源」を購入

https://winds-score.com/

※同タイトルで、別のアーティストの楽曲や、別編成の楽譜が存在する場合があります。必ずご希望の商品と相違がないかご確認の上ご購入下さい。

※ご購入後のキャンセルはお受け致しかねます。

アメージング・グレイス
Amazing Grace

JAMES P.CARRELL、DAVID S.CLAYTON　作曲
萩原 隆、田中和音　編曲

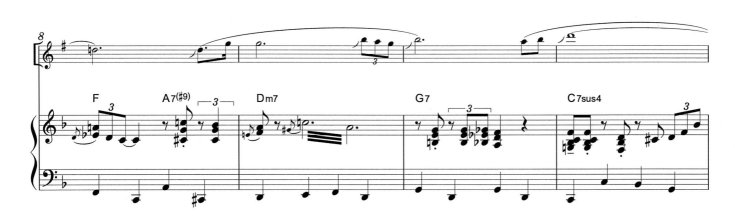

アメイジング・グレイス

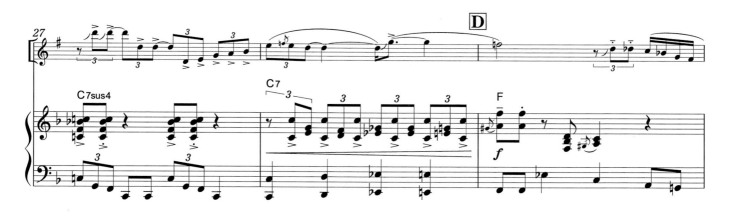

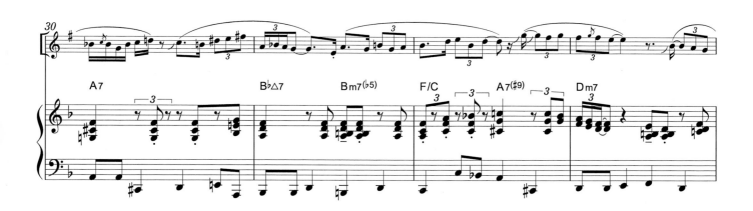

発行者：株式会社ウィンズスコア

TEL：**0120-713-771**　　FAX：**03-6809-0594**

※この出版物の全部または一部を権利者に無断で複製（コピー）することは、著作権の侵害にあたり、著作権法により罰せられます。

※万一、落丁・乱丁などの不良品がありましたらお取り替えいたします。また、ご意見・ご感想もホームページより受け付けておりますので、お気軽にお問い合わせください。

ご注文について　　楽譜のご注文は、WEBサイトまたは全国の楽器店ならびに書店にて。
（WEBサイトは、各レーベルの右側QRコードよりアクセスしてください。）